Schulausgabe

Claudia Ondracek

Rettung für Flöckchen

Mit Bildern von Irmgard Paule

Mildenberger Verlag
Ravensburger Buchverlag

Bibliografische Information der Deutschen Nationalbibliothek:

Die Deutsche Nationalbibliothek verzeichnet diese Publikation
in der Deutschen Nationalbibliografie.
Detaillierte bibliografische Daten sind im Internet
über **http://dnb.d-nb.de** abrufbar.

3   12   11

Ravensburger Leserabe
© 2007 für die Originalausgabe
Ravensburger Buchverlag Otto Maier GmbH
© 2010 für die Ausgabe mit farbigem Silbentrenner
Mildenberger Verlag und
Ravensburger Buchverlag Otto Maier GmbH
Umschlagbild: Irmgard Paule
Umschlagkonzeption: Sabine Reddig
Printed in Germany
ISBN 978-3-619-14345-0
(für die gebundene Ausgabe im Mildenberger Verlag)
ISBN 978-3-473-38537-9
(für die broschierte Ausgabe im Ravensburger Buchverlag)

www.mildenberger-verlag.de
www.ravensburger.de
www.leserabe.de

Inhalt

Nichts los in diesem Nest!

Die Zwillinge Katrin und Vera
sind neu im Dorf.
Sie wohnen in einem schönen Haus
mit einem großen Garten.
Aber trotzdem
finden sie es furchtbar!
„Als Tierarzt habe ich
auf dem Land
einfach mehr zu tun", sagt Papa.
„In der Stadt gibt's
nicht so viele Tiere."

„Aber wir langweilen uns
in dem Nest zu Tode", mault Vera.
„Und was ist mit den Pferden?",
fragt Mama.
„Die müssen euch
Pferde-Närrinnen
doch gefallen."

„Auf dem Reiterhof in der Stadt
gibt es auch viele Pferde",
schimpft Katrin.
„Und dort sind auch unsere Freunde!"
Wütend kickt sie einen Stock weg.

Hund Prinz jagt bellend hinterher.
„Wenigstens der fühlt sich hier pudelwohl!",
ruft Vera.

Die Zwillinge rennen
hinter Prinz her.
Der legt voller Erwartung
den Stock vor ihre Füße.
„Fang!", sagt Katrin
und wirft den Stock weiter.
Sie jagen über Wiesen und Felder,
springen über Bäche und Zäune.
Weit und breit ist
niemand zu sehen.

„Hier ist wirklich nichts los",
stöhnt Vera.
„Und was ist das da vorne?",
fragt Katrin und zeigt
auf eine Wiese mit Bäumen.
„Ein Stall oder so",
meint Vera und kichert.
„Vielleicht lebt da ja Heidi!
Nichts wie hin!"

Die Entdeckung

Der Stall ist klein – und alt
und auch ein bisschen windschief.
Er steht zwischen Apfelbäumen.
Neben dem Stall ist eine Koppel.
Auf der wächst kein Grashalm mehr.
Aber in einer Ecke der Koppel
steht ein Pferd.
Ein braunes mit weißen Flecken!

Katrin und Vera locken das Pferd
mit ein paar Äpfeln an.
Das Pferd frisst sie gierig.
„Du bist ja richtig ausgehungert",
sagt Katrin und schaut sich um.
Sie kann nirgends Heu entdecken.
Und der Wassereimer ist auch leer.

Vera krault das Pferd
hinter den Ohren.
Das Pferd hält ganz still.
„Na, du Genießer", sagt Vera.
„Gestriegelt werden
müsstest du auch mal!"

Katrin runzelt die Stirn.
„Der Besitzer scheint sich
nicht gut um das Pferd
zu kümmern",
murmelt sie besorgt.
„Das sollten wir beobachten,
meinst du nicht?"
Vera nickt.
„Auf jeden Fall!"
Da verstehen
die beiden Pferde-Närrinnen
nämlich keinen Spaß.
Wer ein Tier hat,
muss es auch versorgen!
„Morgen kommen wir wieder",
sagen die Zwillinge
und klopfen
dem Pferd den Hals.
„Mit frischem Wasser
und genügend Futter.

Keine Sorge,
wir passen auf dich auf!"
Dann pfeifen sie nach Prinz
und machen sich auf den Heimweg.

„Zu Hause verraten wir nichts, oder?",
fragt Vera aufgeregt.
„Natürlich nicht", meint Katrin.
„Das Pferd bleibt unser Geheimnis.
Jetzt haben wir wenigstens
etwas zu tun in diesem Nest!"

Prinz Spürnase

„Wozu braucht ihr die Möhren?",
fragt Mama am nächsten Tag.
„Für unser Picknick",
sagt Vera schnell.
„Tschüss, bis nachher!"
Sie zieht Katrin hinter sich her,
bevor Mama noch etwas
sagen kann.
Sie wittert Geheimnisse
nämlich immer wie ein Hund
den vergrabenen Knochen.

Mit ihrem alten Leiterwagen
und einem Eimer voll Wasser
ziehen die Zwillinge los.
Prinz springt fröhlich
neben ihnen her.

Unterwegs reißen sie Gras aus.
„Das wird ja
ein richtiges Festtagsessen
für unseren neuen Freund",
sagt Vera und zieht
den Leiterwagen
über die holprigen Wege.

„Pass doch auf!",
ruft Katrin und springt zur Seite.
„Sonst haben wir bald
kein Wasser mehr!"
Da taucht schon der Stall
zwischen den Apfelbäumen auf.
„Gleich haben wir es geschafft",
murmelt Vera.
Doch die Koppel ist leer.
Vera und Katrin rufen.
Erst leise, um das Pferd
nicht zu erschrecken.
Dann lauter.

Aber nichts rührt sich im Stall.
Ob das Pferd ausgeritten wird?
Prinz schnüffelt aufgeregt herum.
Am Gatter bleibt er plötzlich stehen
und beginnt laut zu kläffen.
„Was hast du denn nur?",
wundert sich Katrin
und zieht Prinz weg.
Da sieht sie es:
Am Gatter klebt Blut!

Ein Notfall

„Vera, komm schnell!",
ruft Katrin.
Die beiden starren entsetzt
auf das Blut.
„Vielleicht ist das Pferd verletzt
und liegt im Stall",
sagt Vera aufgeregt.
„Los, wir gehen rein!"
Sie will über den Zaun klettern.

Aber Katrin hält sie fest.

„Nein, das machen wir nicht",

erwidert sie. „Denk dran, was wir

in der Reitschule gelernt haben:

Verletzte Pferde

können gefährlich sein."

Vera bleibt stehen.

„Du hast Recht", murmelt sie

und schaut sich um.

Plötzlich grinst sie

und zeigt nach oben.

„Aber durch das kleine Fenster

können wir wenigstens

in den Stall reinschauen!"

Katrin macht eine Räuberleiter.
Vera zieht sich hoch
und guckt durch das Fenster.

Erst sieht sie nichts.
Doch dann gewöhnen sich
ihre Augen an das Dunkel.
Da an der Wand hängen
Sattel und Zaumzeug.
Dort in der Ecke steht
eine Mistgabel.
Und dann entdeckt sie das Pferd.
Es steht ganz hinten an der
Stallwand und rührt sich nicht.

„Es ist da", flüstert Vera Katrin zu
und klettert herunter.
„In dem Stall stinkt's fürchterlich",
sagt sie. „Da müsste einmal
dringend ausgemistet werden.
Komm, wir locken das Pferd raus!"

Die Zwillinge stellen
den Eimer Wasser auf die Koppel.
Daneben legen sie
das Gras und die Möhren.

Ein paar Möhren werfen sie
durch die offene Tür in den Stall.
Dann setzen sie sich
unter einen Apfelbaum und warten.

„Sei schön leise",
raunt Vera Prinz zu,
der neben ihnen
im Gras liegt.
„Das dauert ja ewig",
wispert Katrin.
„Vielleicht kann sich das Pferd
nicht mehr bewegen."

Da taucht auf einmal
der Pferdekopf
an der Stalltür auf.
Langsam nähert sich das Pferd
dem Eimer und trinkt gierig daraus.
Dann frisst es etwas von dem Gras
und den Möhren.

Vera und Katrin reden beruhigend
auf das Pferd ein.
Das spitzt die Ohren
und lauscht.
Die Zwillinge beugen sich
vorsichtig über den Zaun.
Da sehen sie es:
Das Pferd ist verletzt.
An den Fesseln klebt etwas Blut.
Trockenes Blut.
„Meinst du, es wurde geschlagen?",
fragt Katrin entsetzt.
„Vielleicht", sagt Vera.
„Wir müssen Papa
unser Geheimnis verraten.
Das ist ein Notfall …!"

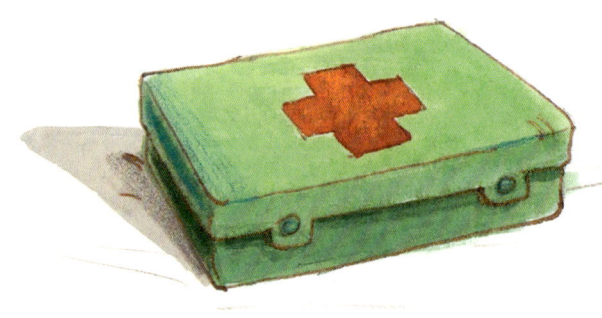

Unerwarteter Besuch

Papa lässt sich nicht lange bitten.
„Hier, nehmt das trockene Brot",
sagt er, „das werden wir brauchen!"
Die Koppel ist wieder leer.
„Ihr wartet hier",
sagt er zu den Zwillingen.
„Ich schau mal nach."
Langsam geht Papa in den Stall.
Vera und Katrin hören ihn
leise reden.

„Komm schon, dir passiert nichts.
Ich will mir nur mal
deine Wunden anschauen.
Ist ja gut, komm, meine Hübsche!"
Papa führt das Pferd
am Halfter heraus.

„Vera, Katrin, kommt mal her",
sagt er.
„Prinz, du bleibst draußen!"
Vera hält das Pferd am Halfter,
Katrin füttert ihm das trockene Brot
und Papa untersucht die Wunden.

„Und", fragt Katrin aufgeregt,
„wurde es geschlagen?"
Papa schüttelt den Kopf.
„Nein", meint er,
„das sind nur kleine Bisswunden.
Von einem Hund oder Fuchs,
nicht weiter schlimm.
Und richtig verwahrlost ist
das Tier zum Glück auch nicht.
Es wurde in den letzten Tagen
nur nicht so gut gepflegt."
Plötzlich kläfft Prinz wie verrückt.
„Hab ich dich endlich, du Köter",
brüllt jemand.
„Warte, jetzt geht's dir an den Kragen!"

Drei Freundinnen

„Prinz", rufen die Zwillinge
und rennen ans Gatter.
Hinter dem Stall taucht
ein alter Mann auf.
„Runter von meiner Koppel!",
schreit er wütend und hebt
drohend seinen Stock.
„Ist Flöckchen etwas passiert?
Hat euer blöder Köter
sie wieder gebissen?"

Katrin und Vera kriegen
vor Schreck kein Wort heraus.
Aber Papa hinter ihnen.

„Prinz, aus!", sagt er.
Dann stellt er sich vor.
„Merkens mein Name.
Ich bin der neue Tierarzt im Ort."

„Ich heiße Muhl",
erwidert der alte Mann.
„Und was machen Sie hier?"
„Meine Töchter haben sich Sorgen
um ihr Pferd gemacht",
erklärt Papa.
Aufgeregt erzählen die Zwillinge
die ganze Geschichte.

Muhl hört aufmerksam zu.
Immer wieder schüttelt er den Kopf.
„Da hat sich Karl aber gar nicht gut
um Flöckchen gekümmert",
murmelt er wütend.
„Mit dem werde ich
ein Hühnchen rupfen!"
Dann schaut er die Zwillinge an
und lächelt.

„Vielen Dank", sagt er.
„Ihr wart sehr aufmerksam und
kennt euch gut mit Pferden aus.
Ich hatte Fieber und konnte
die letzten fünf Tage
einfach nicht
zu Flöckchen kommen.
In meinem Alter fällt mir das
nicht mehr so leicht …"
„Wir helfen Ihnen gerne",
rufen die Zwillinge
wie aus einem Mund.

„Mit Ausmisten und Füttern
kennen wir uns nämlich aus.
Wir reiten schon seit drei Jahren!"
„Soso", sagt Herr Muhl zögernd.
„Das wäre gar nicht schlecht.
Hilfe könnte ich gebrauchen.
Wollt ihr das wirklich tun?"
Die Zwillinge nicken.

„Dürfen wir, Papa?", fragen sie.
Der lacht. „Von mir aus gerne."

„Na, Flöckchen", sagt Herr Muhl,
„was hältst du
von deinen neuen Freundinnen?
Willst du mit ihnen mal
eine kleine Runde drehen?"
Flöckchen wiehert.
Und Katrin und Vera strahlen.

„Aber erst mal nur hier
auf der Koppel", sagt Papa.
„Bis Flöckchen wieder
ganz gesund ist.
Und Sie können mir
von dem Hund erzählen,
der Flöckchen gebissen hat.
Dagegen müssen wir dringend
etwas unternehmen."
Herr Muhl nickt.
„Das Zaumzeug hängt im Stall",
meint er.

Die Zwillinge winken lachend ab
und rufen: „Und der Sattel auch!
Das wissen wir.
Wir haben immerhin schon mal
durchs Fenster geguckt.
Aber den Sattel brauchen wir nicht!"
Wenig später schwingen sich
die zwei auf Flöckchens Rücken.
„Und bald reiten wir richtig aus",
flüstern sie glücklich.

Leserätsel

mit dem Leseraben

Super, du hast das ganze Buch geschafft!
Hast du die Geschichte ganz genau gelesen?
Der Leserabe hat sich ein paar spannende
Rätsel für echte Lese-Detektive ausgedacht.
Mal sehen, ob du die Fragen beantworten kannst.
Wenn nicht, lies einfach noch mal auf den Seiten
nach. Wenn du die richtigen Antwortbuchstaben
in die Kästchen auf Seite 41 eingesetzt hast,
bekommst du das Lösungswort.

Fragen zur Geschichte

1. Warum finden Katrin und Vera ihr neues
Zuhause furchtbar? (Seite 5)

   A: Weil ihr Haus keinen Garten hat.

   T: Weil sie sich im Dorf zu Tode langweilen.

40

2. Was entdecken die Zwillinge? (Seite 9)

   B : Eine verlassene Villa zwischen
      Apfelbäumen.

   I : Einen Stall und eine Koppel mit
      einem braunen Pferd.

3. Wozu brauchen die Zwillinge die
Möhren? (Seite 15/16)

   K : Sie brauchen die Möhren für ein
      Picknick.

   E : Sie wollen damit heimlich das Pferd
      füttern.

4. Warum konnte sich Herr Muhl in den
letzten Tagen nicht um Flöckchen
kümmern? (Seite 35)

   F : Weil er keine Zeit hatte.

   Z : Weil er krank war und Fieber hatte.

Lösungswort:

1	2	3	R	A	R	4	T

41

Super, alles richtig gemacht! Jetzt wird es Zeit
für die RABENPOST.
Schicke dem LESERABEN einfach eine Karte
mit dem richtigen Lösungswort. Oder schreib
eine E-Mail.
Wir verlosen jeden Monat 10 Buchpakete unter
den Einsendern!

An den LESERABEN
RABENPOST
Postfach 20 07
88 190 Ravensburg
Deutschland

leserabe@ravensburger.de
Besuche mich doch mal auf meiner Webseite:
www.leserabe.de

Leichter lesen lernen mit der Silbenmethode

Durch die farbige Kennzeichnung der einzelnen Silben lernen die Kinder leichter lesen. Das gelingt folgendermaßen:

1. Die einzelnen Wörter werden in Buchstabengruppen aufgeteilt. Diese kleinen Gruppen sind leichter zu erfassen als das ganze Wort.
2. Die Buchstabengruppen sind ganz besondere Einheiten: Sie zeigen die Sprech-Silben an. Die Sprech-Silben sind der Schlüssel, um ein Wort richtig lesen und verstehen zu können.

Zum Beispiel können bei dem Wort „Giraffe" auch die ersten drei Buchstaben „Gir" als Gruppe gelesen werden: Gir - af - fe. Das könnte dann der Name einer besonderen Affenart sein.

Mit den farbigen Silben dagegen werden sofort die richtigen Buchstaben-gruppen erkannt: Gi - raf - fe. Beim Lesen ergibt sich automatisch der richtige Sinn. Es ist das Tier mit dem langen Hals gemeint.

Warum ist das so?

Beim Lesen in **Sprech-Silben** klingen die Wörter so, wie wir sie **sprechen** und **hören**. So kann der Sinn der Texte leichter entschlüsselt werden – lesen macht Spaß!

Sobald das Lesen flüssig gelingt, können auch alle Texte ohne farbige Silben sicher erfasst werden. Durch das Training erkennen die Kinder die Sprech-Silben automatisch.

Dadurch lesen alle Leseanfänger leichter und besser – und auch die nicht so starken Leser können schneller Erfolge erzielen.

Die farbigen Silben helfen nicht nur beim Lesen, sondern auch bei der **Rechtschreibung**. Sie machen die Struktur der deutschen Sprache sichtbar. Der Leseanfänger nimmt von Anfang an die Silbengliederung der Wörter wahr – und kann so die richtige Schreibweise ableiten.

Markieren die farbigen Silben die Worttrennung?

Die farbigen Silben zeigen die Sprech-Silben eines Wortes an. In den allermeisten Fällen ist das identisch mit der möglichen Worttrennung am Zeilenende. In erster Linie bei der Trennung einzelner Vokale (a, e, i, o, u; z. B. E-va, O-fen, Ra-di-o) gibt es einen Unterschied: Nach der aktuellen Rechtschreibung werden diese am Zeilenende nicht abgetrennt. Da diese Wörter aber mehrere Sprech-Silben haben, sind diese auch mit zwei Farben gekennzeichnet: Eva, Ofen, Radio, beobachten.

Weitere Informationen zur Silbenmethode auf: www.silbenmethode.de